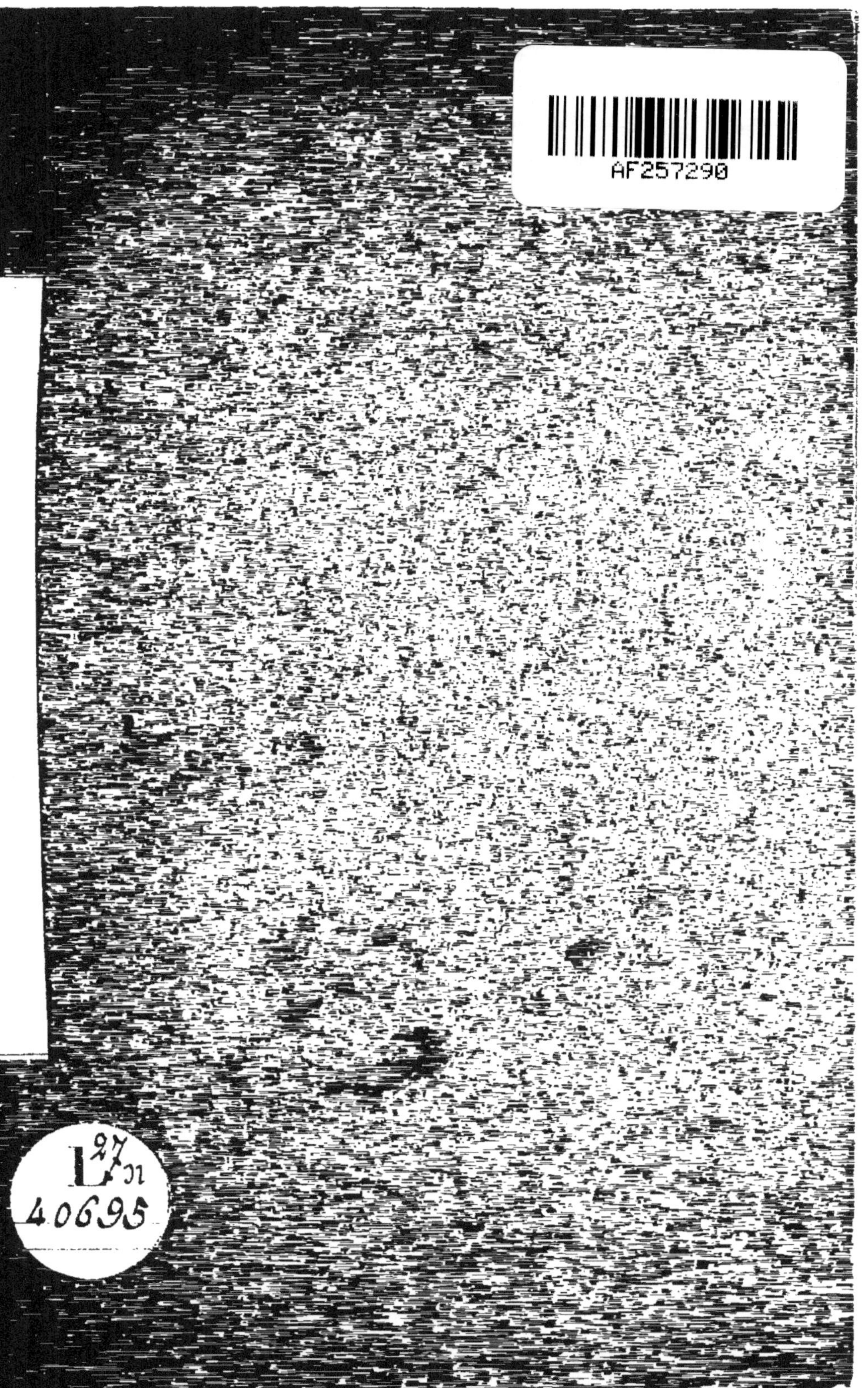

INSTITUT DE FRANCE

ACADÉMIE DES SCIENCES MORALES ET POLITIQUES

NOTICE

SUR

M. CHARLES VERGÉ

PAR

M. H. DONIOL

MEMBRE DE L'INSTITUT

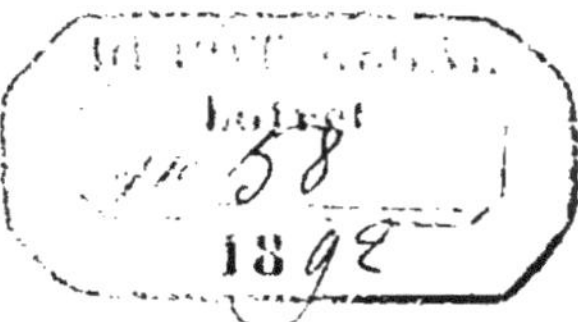

PARIS

ALPHONSE PICARD, ÉDITEUR

82, rue Bonaparte, 82

1892

INSTITUT DE FRANCE

—

ACADÉMIE DES SCIENCES MORALES ET POLITIQUES

NOTICE

SUR

M. CHARLES VERGÉ

PAR

M. H. DONIOL

MEMBRE DE L'INSTITUT

PARIS

ALPHONSE PICARD, ÉDITEUR

82, rue Bonaparte, 82

—

1892

NOTICE

SUR LA VIE ET LES TRAVAUX

DE

M. CHARLES VERGÉ.

MESSIEURS,

Il n'est jamais assez tard pour retracer à l'Académie l'existence des confrères qu'elle a perdus. L'impatience d'entrer dans sa compagnie est très grande, mais le regret de n'y plus trouver celui dont on est l'héritier se ressent aussitôt. On en est surtout ému quand on a connu dans des relations amicales ce prédécesseur disparu, et l'on recule le moment de rappeler son souvenir parce qu'il semble qu'après la séparation sera plus complète.

M. Charles Vergé nous a quittés ayant accompli sa 80ᵉ année. Il assistait régulièrement à vos séances depuis 1842, et il avait été auparavant le premier, presque le seul de leurs auditeurs qui eût entretenu d'elles le public. Il avait entendu, il avait fréquenté en étant recherché d'un grand nombre, cette pléiade d'hommes éminents par la pensée, par le talent, par la carrière, qu'elle compta dans son sein durant un demi-siècle, philosophes éloquents, grands hommes publics, historiens profonds ou séduisants, économistes ingénieux, jurisconsultes savants, qui faisaient l'éclat de notre pays et plus d'un l'honneur de l'Europe.

L'inspiration lui vint, et il l'avait réalisée, de donner un corps aux rencontres de cette élite intellectuelle ramenée à l'Institut par le gouvernement de juillet, mais dont les réunions restaient dans le vide faute d'un organe qui les reproduisît ; il avait créé ce *Compte rendu* qui, depuis cinquante années à cette heure, recueille les lectures, les communications, les échanges d'idées de vos séances, les appréciations suggérées par les œuvres que vous proposez périodiquement aux hommes de labeur ou qu'ils vous envoient pour ressortir à votre bannière. Vous trouviez ainsi en lui l'un des derniers témoins d'un passé dont le sillage éclaire brillamment votre histoire. En même temps, il était un membre toujours jeune, grâce à l'aptitude de son esprit à se porter avec clarté sur toutes les matières, et, grâce à l'aménité et à l'obligeance de sa nature, un confrère dont la mort laisse, pour le successeur, un vide difficile à combler.

Charles Vergé était un enfant de Paris, né le 22 juillet 1810 tout près de l'Institut dont il devait faire partie, au numéro 3 de cette rue Mazarine à laquelle le goût de changement de ce temps-ci a, jusqu'à présent, laissé le nom de l'illustre créateur du palais que nous occupons. Il avait 20 ans quand la révolution de juillet arriva ; il débuta au milieu de cette génération de 1830, qui aura donné à ce siècle-ci ses publicistes et ses parlementaires les plus éminents, et qui, un moment, put espérer d'imprimer à l'esprit public et aux institutions, en Europe, des principes qui ne pourraient plus être obscurcis, encore moins oubliés, une direction qu'elle croyait avoir tracée libéralement, judicieusement mesurée et dont rien ne dérangerait le cours. Origine, éducation, études, tout avait préparé Charles Vergé à être et à rester un adepte de cette génération trop vite éteinte. Son père, sorti de l'école polytechnique, appartenait, comme directeur des télégraphes à Strasbourg, à l'un des grands services réservés aux premiers des promotions, et le fils fit ses classes au lycée de cette ville de province, non seulement ses classes d'humanités, mais ses études de droit jusqu'au doctorat. C'était le sort commun à presque tous les enfants de la bourgeoisie, et par là il fut d'autant plus du milieu social que la révolution de 1789 avait constitué et dont celle de 1830 venait de consacrer à nouveau l'avènement.

La province, à cette époque, avait une sorte d'autonomie morale. On ne pouvait pas comme aujourd'hui en sortir facilement. Strasbourg, capitale considérable d'une province éloignée, n'était pas seulement une ville de monde militaire supérieur, de haute magistrature et de barreau, d'état-major administratif, de professeurs réputés. Ville frontière d'où se voyaient en quelque sorte les anciens champs de bataille, les souvenirs du premier empire et même de plus anciens y restaient vivants ; ville qui avait possédé une université recherchée et qui se trouvait voisine des universités d'Allemagne, l'esprit de ces centres intellectuels s'y était rétabli, une fois disparu l'esprit de guerre et avec lui l'interruption qu'il apporte dans la culture scientifique. Il en résultait du mouvement dans les idées, au sein de ce chef-lieu de l'Alsace. Des hommes de valeur s'y rencontraient, les sentiments y avaient le cours correspondant aux conditions politiques : c'est sous ces auspices que grandit Charles Vergé et qu'il fut un élève du lycée maintes fois couronné, puis un étudiant et bientôt un docteur chez qui la culture des principes s'était éclairée aux travaux substantiels de l'exégèse germanique sur les théories du droit et sur l'interprétation des textes. Les impressions de ces commencements rejaillirent sur toute la carrière de votre confrère. Ses enfants se rappellent qu'il aimait à en parler comme de moments dont il sentait encore la marque. Et en effet, il leur dut la solidité qui a distingué ses productions et la rare activité avec laquelle il les multipliait.

Dans mes souvenirs de stagiaire au barreau de Paris, je retrouve encore Charles Vergé secrétaire de Me Chaix-d'Est-Ange. Il était un des plus en vue par sa maturité juridique, parmi l'espèce d'aristocratie que formaient à la conférence des avocats les auxiliaires de ces maîtres de la parole ou de la dialectique qui s'appelaient Berryer, Marie, Philippe Dupin, Paillet, Jules Favre et plus d'un autre. Votre regretté et bien regrettable confrère M. Vuitry occupait les mêmes fonctions auprès de Me Teste, que distinguaient des dons de l'ordre le plus élevé et que la politique vint si malheureusement soustraire à la barre. Me Chaix-d'Est-Ange alliait au merveilleux talent qui lui valait presque toutes les causes à mise en scène, une incroyable spontanéité d'esprit qui l'aurait fait passer pour l'homme le moins sérieux du monde, à le juger sur les saillies ou les mots de lui que quelques jeunes colportaient dans tout le Palais, comme des exemples à faire école. Il avait bien autour de lui de ces adeptes plus attirés par le côté léger de sa nature que par ses qualités d'avocat, vraiment grandes et premières ; seulement, pour être servi il savait excellemment choisir les supérieurs, car lorsque Charles Vergé, après sept années consécutives, cessa de diriger à peu près à lui seul le cabinet de ce maître éminent entre ceux qui plaidaient les affaires scabreuses et les dramatiques, c'est Jules Grévy qui fut appelé, l'un des plus studieux et des plus réfléchis du Palais, le plus froid peut-être en apparence, et il fut appelé quoique connu pour la rigueur d'esprit avec laquelle il s'était fait des opinions en ce temps-là fort extrêmes.

On se préparait alors avec un certain feu aux carrières publiques. Le barreau avait été fort mêlé à la politique, depuis 1815, et il continuait à l'être. Il y avait des avocats d'affaires supérieurs, on les trouvait tels, beaucoup visaient à se modeler sur eux ; toutefois on regardait singulièrement aux avocats orateurs. Combien n'auraient pas voulu se former d'après ces derniers ! Des deux côtés, d'ailleurs, les matières auxquelles se rattachait la politique étaient recherchées. C'est irrévérent à dire aujourd'hui, mais pour cette sorte d'éducation des esprits, il n'y a rien de favorable comme les institutions limitées. Les choses et les personnes s'y trouvent placées d'une manière presque fixe qui semble bien pouvoir être élargie, non bouleversée, et si les frontières sont étroites, on les attaque de même qu'on les défend d'autant mieux que dans un sens comme dans l'autre il y a du prix à l'emporter. Il s'agit d'ailleurs forcément de principes, d'idées : les mobiles vilains restent à l'arrière-plan. Mais il régnait vraiment dans ce temps-là un souffle de nouveauté et de généralisation philosophique. On le sentait dès l'école de droit, où à côté de cours très suivis, des claires et élégantes leçons de Demante, de la forte et presque rude argumentation de Bugnet, voire des démonstrations un peu précieuses et subtiles de Ducaurroy, le cours de droit constitutionnel de Rossi était bondé. Les trois années, le doctorat, bien des stagiaires, se pressaient autour de ce maître qu'a affectionné l'Académie et qui, avec chaleur autant qu'avec méthode, nous résumait par grands reliefs l'histoire politique de la société française, son développement vers l'unité, l'enfantement progressif de sa constitution, le jeu par elle ouvert au gouvernement libre. Tout auprès, résonnait la parole emphatique de Lherminier, scénique tout au moins, et fréquemment enveloppée de fumée berlinoise, mais s'accordant en raison même aux penchants imaginatifs du moment. Le romantisme avait passé de la littérature dans les esprits, et il n'était pas jusqu'aux études juridiques qui n'eussent suivi le courant. Les préfaces de Troplong, si modernes de point de vue et si suggestives, l'ampleur et les horizons de son exposé des contrats nous séduisaient ; nous étions transportés par l'*Histoire du Droit français* où Laferrière, sous une forme singulièrement primesautière, par des appréciations osées et des synthèses enlevantes, montrait à travers les coutumes et les ordonnances l'acheminement du droit vers les principes de la Révolution française, et posait ces principes comme un nouveau point de départ souverain. Pour une génération dont les pères avaient été les lecteurs du *Globe* ou, à la Sorbonne, les auditeurs de Cousin et de Guizot, qui entendait dans des *Revues* ou dans de nouvelles *Encyclopédies* l'écho transformé des prédications saint-simoniennes et voyait se produire de grandes utopies, qui avait assisté à des procès politiques dans lesquels le chevaleresque et la criminalité passionnaient presque à parts égales, tout cela était singulièrement propre à faire travailler les têtes, et, pour un grand nombre, à les monter.

Charles Vergé était parmi ceux que leur nature pondérée et leur jugement déjà sûr retenaient de l'entraînement ou détournaient des chimères. Elle l'avait essentiellement préparé pour l'application du droit, qui est bien de la politique, mais réalisée et pratique. Il n'échappait pas, pour cela à la propension générale vers les matières d'État. A côté des conférences de stagiaires qu'occupaient seules les matières juridiques, il en existait où l'on s'adonnait aux questions de politique générale sous couvert de législation. Il y en eut une, entre autres, dont beaucoup de membres sont devenus quelqu'un à partir de 1848 et ont surtout pris place durant les dernières vingt-cinq années. Ce n'était pas à préserver les frontières des institutions régnantes que l'on s'y appliquait, mais, avec la plus entière liberté de parole, à les faire céder ou à leur en substituer d'autres. Un discours célèbre sur la présidence de la République prononcé à l'Assemblée constituante de 1848, discours qui mit aussitôt hors rang le successeur de Charles Vergé au cabinet de M⁽ Chaix-d'Est-Ange et dont les conclusions devaient être changées du tout au tout par l'événement vingt-cinq ans après, avait été esquissé là avec le raisonne-

ment absolu et rigide qui caractérisait alors son auteur (1).
Charles Vergé, lui, appartenait à la conférence Molé, groupe
extérieur où l'on pénétrait malaisément à moins d'être déjà
classé parmi les forts, ou bien de famille administrative ou
parlementaire, de parents arrivés. Là se triaient entre eux,
semblait-il, les jeunes privilégiés de cette époque, ceux qui
se supposaient désignés d'avance aux hautes fonctions
publiques ou aux députations futures et s'exerçaient à en
parler la langue ou à s'en assurer le bagage. Beaucoup
d'hommes très distingués se sont formés, et l'Institut en a
compté, en compte encore plus d'un, parmi ces fils d'un
milieu déjà presque aristocratique, qui se donnait avec un
peu d'affectation la dénomination inexacte de classes
moyennes pour bien indiquer qu'il ne tirait son rôle, désormais prépondérant, d'aucun titre ou prérogative anté-
rieurs, uniquement de son fond propre ou de sa valeur
acquise.

Dans la conférence Molé, Charles Vergé ne recherchait
qu'un moyen de plus d'apprendre. Il se savait essentiellement un juriste et voulait le rester ; seulement, un juriste
dont l'esprit pouvait embrasser tout le cadre du droit, et
l'ordre des sciences morales et politiques en conséquence.
C'est alors qu'il commença à suivre les séances de l'Aca-

(1) Outre le souvenir de J. Grévy, parmi les assidus de cette conférence, qui s'appelait je crois « de la deuxième Chambre, » j'ai
celui de MM. Emmanuel Arago, ambassadeur à Berne et sénateur des
Pyrénées-Orientales ; Dupont-White, bientôt publiciste ; Genteur, avocat
à Orléans, député du Loiret, secrétaire général de M. Duruy à l'Instruction publique ; Félix Grellet, député de la Haute-Loire en 1848 ; Félix
Lecler, sénateur de la Creuze ; Salneuve, successivement député et sénateur du Puy-de-Dôme. Il me semble qu'elle compta aussi M⁰ Blot-
Lequesne, qui, secrétaire de la conférence des avocats en 1839 et chargé
d'un des discours de rentrée, produisit un grand effet par le style saisis-
sant et les généralités imagées de son œuvre, en traitant de *La Justice
absolue.*

démie. Je vais dire comment il se vit chargé d'en faire l'analyse hebdomadaire pour le *Moniteur*, qui était amené à introduire dans sa partie non officielle cette nature d'informations avec un caractère particulier d'exactitude. Vergé comptait du reste dans la rédaction du journal *Le Droit*, qui justement avait été créé pour répondre au besoin d'étendue auquel on se plaisait, donner de l'horizon aux questions judiciaires, et qui, en effet, ne fut pas en cela sans portée. Presque au même moment, la carrière de votre confrère fut fixée d'une manière définitive dans la double voie où vous l'avez connu, d'éducateur hors ligne pour l'application juridique et de travailleur apte à éclairer la pratique des lois par la science de leurs origines et de leur développement. Le premier grand recueil de jurisprudence créé, à la suite du *Répertoire* de Merlin, pour éclairer la mise en action du code civil, le *Sirey*, comme on l'appelait couramment du nom de son fondateur, accomplissait en ce temps-là une sorte de renaissance sous l'impulsion d'un arrêtiste passé maître, M. de Villeneuve, gendre et successeur de l'homme d'affaires consommé qui avait commencé l'ouvrage. Charles Vergé y fut appelé, et il se forma rapidement dans l'art, où excellait M. de Villeneuve, de colliger pour l'usage du barreau et des magistrats, de classer, d'entourer des précédents similaires ou contraires les décisions émanées des juges. Vergé était devenu une cheville ouvrière au *Sirey* quand il se maria. Son alliance le rapprocha de la famille Dalloz et l'introduisit dans les publications de même nature, qu'avait entreprises déjà depuis plusieurs années, sous des cadres différents, un autre praticien habile, Armand Dalloz (1). Mais à cette heure là le résumé de vos séances écrit pour le *Moniteur*

(1) M. Charles Vergé épousa Mlle de Laville Leroux, dont le père avait été Syndic des agents de change de Paris en 1830, et le grand-père Sénateur de l'Empire.

allait se transformer en ce *Compte rendu* périodique où vous les retrouvez maintenant.

Charles Vergé avait commencé en 1840 ses analyses pour le journal officiel. M. Cousin était alors ministre de l'Instruction publique, ministre dans le cabinet du 1er mars, qui passa pour avoir le sens politique ouvert, à la différence d'autres formés avant lui. M. Cousin venait d'emprunter à la date du 20 mars l'occasion de rendre à l'Académie la part attribuée à chacune des autres classes de l'Institut par l'arrêté des Consuls du 13 ventôse an X, dans la rédaction du « Tableau général de l'état et du progrès des sciences. « des lettres et des arts depuis 1789. » Aux motifs exposés avec l'ampleur de langage habituelle à sa plume, on sent que le ministre avait recherché cet anniversaire du retour de l'île d'Elbe pour donner une revanche à l'esprit spéculatif et d'examen. Visiblement, il voulait relever les sciences morales et politiques de l'injure qu'en les rayant de l'Institut leur avait portée Napoléon. Il montrait le rôle considérable rempli depuis par elles dans le mouvement intellectuel. « après une révolution, écrivait-il, qui en renou- « velant toutes choses avait ouvert un nouveau champ à la « morale et à la science sociale, créé presque ou du moins « tant enrichi l'économie politique, » et il demandait au roi Louis-Philippe de prescrire que l'Académie, en prolongeant son mémoire à elle jusqu'en 1832. « rétablit la « suite de son histoire » comme si elle n'avait point cessé d'exister, comblât la lacune imposée à ses travaux tandis que le courant né de « la grande ère de la révolution fran- « çaise », comme parlait votre illustre confrère. n'avait pas discontinué d'en produire. Rappelant cette réponse de Napoléon aux savants qui lui présentaient le rapport de la classe des sciences physiques et mathématiques : « J'ai « voulu vous entendre sur les progrès de l'esprit humain « dans ces derniers temps, afin que ce que vous aviez à me « dire fût entendu de toutes les nations. » il s'adressait

ainsi au chef de l'État : « Il sera digne de vous, Sire, de
« compléter la grande pensée de l'an X, et de vouloir,
« comme Napoléon. mais sans aucune restriction ombra-
« geuse, faire entendre à toutes les nations ce qui vous
« aura été dit par l'Institut de France sur les progrès de
« l'esprit humain dans les sciences dont les libres théories
« ne font point peur à votre haute raison, et dont les appli-
« cations au bien-être de l'humanité sont parmi les objets
« de votre plus constante sollicitude. » Et en effet, une
ordonnance du même jour statuait conformément aux pro-
prositions du ministre. L'Académie des sciences morales et
politiques formerait un tableau général de l'état et du progrès des sciences morales et politiques depuis 1789 jusqu'à
la fin de l'année 1832. tableau divisé en cinq parties cor-
respondantes à ses cinq sections ; une députation le pré-
senterait au roi l'année suivante, et l'Imprimerie royale le
publierait dans la même forme que les rapports présentés
en 1808 par les autres classes de l'Institut (1).

Le vœu du ministre, si complètement sanctionné par le
roi, n'a pu avoir la suite que l'on eût augurée de l'effusion
de vos confrères quand ils en reçurent connaissance (2) ;

(1) *Moniteur universel* du 29 mars 1840, (*Partie officielle*). —
M. L. Ancoc dans le recueil des constitutions et règlements de l'Institut
de France, a donné au rapport de M. Cousin et à l'ordonnance du roi la
date du 22 mars. C'est peut-être celle de l'ampliation ; mais ces deux
pièces sont parfaitement datées du 20 au journal officiel. La pensée de
faire réagir le gouvernement du roi contre le dédain de Napoléon à
l'égard des sciences morales et politiques ne quitta d'ailleurs pas M. Cousin quand il sortit du ministère.

(2) Le *Moniteur* du 31 mars contient en première page (*partie non
officielle*) l'annonce de l'accueil reconnaissant fait à ces actes par l'Académie, à qui son secrétaire perpétuel les avait communiqués l'avant-
veille. Il est ajouté que le lendemain le président et le secrétaire perpétuel sont allés présenter au Ministre une lettre où l'Académie déclarait
« qu'elle s'associait avec zèle à la grande pensée dont l'exécution lui

mais de ce jour-là l'Académie prit rang en quelque sorte
dans les choses de l'État. Auparavant, le *Moniteur* parlait
d'elle de loin en loin comme le faisaient les autres feuilles,
en quelques lignes motivées par un fait saillant ou lors de la
séance annuelle. Dorénavant furent non seulement signalés
les menus faits qui la concernaient, mais ses séances de-
vinrent l'objet d'un résumé égal et souvent supérieur en
détails à ceux de l'Académie des sciences, régulièrement
insérés d'ancienne date. La notion qu'avait entendu donner
Cousin de l'importance des sciences morales et politiques
dans la vie nationale recevait au moins cette application,
et Charles Vergé fut choisi pour la faire. Il avait deux
amis laborieux comme lui et dont l'esprit était muni
comme le sien, M. Loiseau, qui a fourni une carrière de
magistrature éminente, et M. Massé, que ses travaux ulté-
rieurs conduisirent à être assis parmi vous. Vergé s'associa
Loiseau pour suivre les réunions de l'Académie et pour le
suppléer au besoin. Il put ainsi donner désormais régulièrement au journal qui remplissait alors un rôle public dont
il faut avoir été du temps pour connaître l'importance, un
procès-verbal tenant souvent trois colonnes, et qui reproduisait avec un développement tout nouveau la tenue des
réunions, les communications qui y étaient faites, les con-
versations engagées. Nous avons là près de deux années
de notre existence, du 8 mai 1840 à la fin de décembre 1841,
analysées avec développement par des plumes à qui les
matières de votre domaine étaient tout particulièrement
accessibles, et qui savaient en présenter la substance en
ayant l'intelligence du fond.

Ces deux années là vous font honneur : l'année 1840 sous

était confiée et qu'elle adressait l'expression unanime de ses remer-
ciements et de sa reconnaissance au gouvernement du roi et au Ministre
qu'elle était heureuse de compter parmi ses membres et qui venait de
donner une preuve de sa libérale sollicitude pour elle et pour la science. »

la présidence de Rossi, l'année 1841 sous celle de Cousin, rendu à la liberté par la chute du cabinet du 1er mars et qui ne puisait, il semble, que plus de ferveur pour l'Académie dans la haute affirmation qu'il avait faite du rang dont elle devait être dotée. Sous la présidence de Rossi furent entendues les premières communications de MM. Ch. Lucas et Béranger sur le régime pénitentiaire, de M. Hippolyte Passy sur les formes de gouvernement, d'autres de M. Bouchitté, sur l'existence de Dieu, de M. Portalis sur les progrès du Droit des gens, d'Adolphe Blanqui sur l'occupation de l'Algérie, sur le livre de Proudhon contre la propriété, sur les possessions anglaises dans l'Inde, de M. de Morogues sur l'état de l'agriculture, de Ch. Giraud sur les chartes municipales de Provence et sur Savigny ; il y eut des lectures de Dutens sur le revenu territorial de la France en 1815 comparativement à 1835, de MM. Michelet, Jouffroy, Berriat, Saint-Prix, d'Eichthall, Amédée Thierry, de M. Mignet sur le droit de succession des femmes à propos d'un concours ouvert par l'Académie, et pour M. de Rotteck sur l'état des études historiques en Allemagne. L'autre année, celle de Cousin, montra le ministre redevenu auteur, lisant un travail sur des lettres inédites du P. André, un autre sur une correspondance entre Mallebranche et Mairan, une dissertation sur le moi et l'existence personnelle, une encore sur la connaissance sensible. Le roulement annuel ayant mis cette année-là l'Institut sous la conduite de votre Académie, Cousin, en le présentant au roi le 1er mai, revint chaleureusement à la répudiation du gouvernement impérial par le gouvernement nouveau à qui vous deviez votre rétablissement. « Le génie de la Vic- « toire, », dit-il ce jour-là au monarque, « le génie de la « Victoire avait eu peur de l'Académie des sciences morales « et politiques ; il l'avait rayée de l'Institut. Vous, roi cons- « titutionnel placé au-dessus de tous les ombrages par la « conscience de la force que vous puisez dans le vœu natio-

« nal, dans le bon sens populaire et dans une expérience
« chèrement acquise, vous avez rappelé de l'exil les études
« généreuses ; et par un juste retour elles poursuivent
« paisiblement et non sans quelque gloire la carrière que
« vous leur avez ouverte (1). » D'autre part M. Damiron
avait communiqué des considérations développées sur
Descartes, sur le cartésianisme, sur Spinoza. MM. de Villermé et de Châteauneuf exposé l'état des populations agri-
coles de la Bretagne, M. H. Passy de celles de l'Eure,
M. Dunoyer traité de la centralisation, de la concurrence,
et MM. Dupin aîné et Blanqui discuté ses dires ; MM. Béranger, Lucas, Villermé, Blanqui, Dutens, Berriat Saint-
Prix, Moreau de Jonès avaient abordé de nouveau le pro-
blème du régime pénitentiaire et de la statistique crimi-
nelle, celui du paupérisme, celui de la formation et de
l'importance des revenus, celui de l'Algérie qui occupait
presque sans cesse alors ; M. Giraud avait fait entendre ses
études nourries de documents sur le colonat romain et la
condition agricole au moyen âge. M. Troplong commencé
son travail magistral sur l'influence du christianisme dans
le droit romain, M. Naudet donné ses érudites recherches
concernant la police à Rome, M. Mignet expliqué une
chronique nouvelle du moine Richer sur l'époque carlo-
vingienne, et, de ce style qui burinait les faits, retracé une
campagne de Louis XIV en Hollande.

Tout cela, dans les colonnes du *Moniteur Universel*, est
remarquablement présenté, en partie résumé, en partie
donné par fragments. Il serait regrettable que ces analyses
ne vinssent pas, un jour, compléter la collection du *Compte
rendu* qui leur succéda bientôt. Une expérience heureuse
se trouvait faite : M. Mignet s'en empara, soigneux comme
vous l'avez connu du renom de l'Académie. Il suffisait de
transporter du *Moniteur* dans une publication périodique

____

(1) *Moniteur universel* du 3 mai 1841.

cette analyse hebdomadaire, rédigée par Charles Vergé
sans une défaillance (1). Des rapports de famille de ce
dernier avec les Pankouke, éditeurs de la feuille officielle,
facilitèrent des offres auxquelles l'Académie s'empressa
d'adhérer (2), et ainsi commença, en janvier 1842, ce compte

(1) *Moniteur universel* de 1840, 1841 et du premier trimestre de 1842.
Un petit nombre seulement des comptes rendus est signé LOISEAU, les
trois quarts pour le moins : VERGÉ.

(2) *Comité secret* du 27 novembre 1840 et *séance* du 4 décembre. —
Comité secret DU 27 NOVEMBRE 1841. — Le Secrétaire perpétuel soumet à
l'Académie une proposition adressée à son bureau par MM. Vergé et
Loiseau, qui rendent compte des travaux de l'Académie dans le *Moniteur*. MM. Vergé et Loiseau demandent l'autorisation de publier ce
compte rendu tous les mois dans des cahiers in-8º de quatre feuilles
environ et, dès lors, d'une manière étendue et régulière, sous la surveillance et la direction du Secrétaire perpétuel. Le Secrétaire perpétuel
trouve que ce projet mérite d'être pris en considération par l'Académie,
dont il fera mieux connaître encore les travaux et dont il complétera les
publications. Si l'Académie y donne son assentiment, il offre d'exa-
miner attentivement toutes les épreuves, et de rendre ainsi tout à fait
authentiques et entièrement conformes aux convenances de l'Académie
les publications qui seront faites en son nom. Il pense que pour encou-
rager cette entreprise et pour mettre à la disposition de tous les membres
de l'Académie le compte rendu de ses séances, il conviendrait, dans ce
cas, de souscrire pour *quarante* exemplaires. La discussion est ouverte.
MM. Cousin, Dunoyer, Droz, Berriat Saint-Prix, Ch. Lucas, Dupin,
Mignet prennent tour à tour la parole. La discussion est renvoyée à la
séance prochaine. SÉANCE DU SAMEDI 4 DÉCEMBRE 1841. La discussion
est ouverte sur la proposition soumise à l'Académie dans la séance précédente. MM. Berriat Saint-Prix, Lucas, Droz, Blanqui, Mignet y
prennent part. L'Académie donne son adhésion au compte rendu mensuel
de ses séances tel qu'il a été proposé par MM. Vergé et Loiseau, avec la
condition qu'il paraîtra sous la surveillance et la direction de son Secrétaire perpétuel. Elle décide également qu'il sera souscrit à 40 exemplaires
de ce compte rendu pour ses membres titulaires, ses associés étrangers
et les académiciens libres.

rendu mensuel dans lequel, depuis, l'Académie se retrouve elle-même et sentira revivre sa gratitude avec le souvenir du confrère à qui elle le doit. Celui-ci, dans une courte préface, plaça l'œuvre sous les auspices d'un tableau magnifique tracé par Cousin, à la séance annuelle précédente, de la valeur et du rang des sciences morales et politiques, « branches diverses », disait ce dernier pour consacrer une fois de plus leur revanche contre les mépris du Premier Consul, « branches diverses d'une même et seule science, « celle de l'homme, qu'il était réservé à la révolution « française d'émanciper après avoir émancipé l'homme, « et d'introduire au sein de l'Institut de France en créant « une Académie spéciale pour elle. » La publication continua quatre années sous la forme d'analyse inaugurée au *Moniteur*, mais avec des fragments de texte plus étendus. Le *Journal officiel* en reproduisait la composition après chaque séance, et, dans l'attachement qu'il portait à vos travaux, Vergé étendait au journal *le Droit* la double publicité qu'il leur donnait ainsi (1). Insensiblement la partie analytique fut amoindrie par la reproduction plus développée des lectures. En 1852, d'autres conditions agréées par l'Académie réglèrent les choses à nouveau ; depuis lors, le *Compte rendu* donne intégralement les communications ou les entretiens qui ont occupé les séances.

Les travaux auxquels les facultés de votre confrère ont été le plus appliquées sont presque en dehors de vos matières, et pourtant ils passaient dans une infinité de mains qui ne cessaient pas et, de longtemps, ne cesseront guère de les trouver précieux. Il s'agit de la continuation du grand ouvrage de pratique judiciaire et de doctrine

---

(1) Une série d'avis bibliographiques, insérés au *Moniteur universel* et dues probablement au crédit qu'avait Charles Vergé auprès des éditeurs, rapproche du *Compte rendu* le journal *Le Droit*, et indique cette feuille judiciaire comme contenant l'analyse des séances de l'Académie.

établie qu'avaient créé les frères Dalloz sous le titre de
Jurisprudence générale : non seulement un recueil mensuel
de décisions bien annotées, mais le plus considérable répertoire de législation, d'interprétation et de jurisprudence
qui ait été conçu, un immense assemblage alphabétique
embrassant toutes les lois civiles, criminelles, commer-
ciales, administratives dans leurs origines, leur développement, et coordonnant sous chacun de leurs termes les
solutions émanées à leur sujet de la Cour suprême, les plus
saillantes de celles intervenues dans les cours d'appel,
même les jugements importants des tribunaux civils et, à
la fois, ceux du Conseil d'État et de la justice administrative. Les ouvrages de ce genre ne peuvent pas venir d'une
seule plume. Ce sont des travaux en collaboration, mais
dont le grand mérite est de les susciter et de les conduire.
Dégager les principes fixes dans ces applications multipliées
des lois, maintenir aux annotations et aux commentaires
l'unité de doctrine avec une impartialité manifeste, donner
à l'œuvre, par là, la grande autorité dont elle jouit, même
hors de France, une part de ces essentielles et rares qualités appartenait déjà à Charles Vergé lorsque le tome XXIIe
de la *Jurisprudence générale* parut. La mort de MM. Dalloz
rejeta alors toute la direction sur lui, et l'entreprise n'a
été achevée qu'avec le tome L^e en conservant une supériorité constante. Ce ne fut pas assez de cet énorme labeur
pour votre collègue ; il en tira les matériaux d'un autre,
destiné à mieux se proportionner à l'utilité quotidienne. Il
fit annoter la série des codes de manière que la jurisprudence, telle que l'avait éclairée le *Répertoire,* se trouvât
rattachée à chaque article. Bien plus, il composa le code
jusque-là manquant des lois administratives suivant les différents sujets, composition nouvelle, singulièrement com-
pliquée par la diversité des matériaux, par leur absence de
classement et par la spécialité des applications.

Charles Vergé avait certainement, de nature, le don de

l'ordonnance : il le développa en lui par cet exercice continu. Il concevait avec clarté le plan à suivre, le précisait exactement dans une préface succincte, puis, en tête de chaque matière, il retraçait avec une pleine connaissance les origines qu'elle avait, son cours antérieur, les modifications survenues, et il en rapprochait la législation correspondante dans les principaux États. Cette supériorité dans l'art d'arranger et d'éditer porte avec elle le risque que l'on s'éprenne trop du moule où elle s'est marquée. Il arriva à votre confrère de toucher cet écueil lorsque, en collaboration avec le président Massé, il eut l'idée de plier à la forme des *Codes annotés* l'ouvrage du grand juriste saxon Salomon Zachariae, sur notre droit civil. Ils en changèrent l'ordre pour le soumettre à celui du code, et désagrégèrent le texte de manière à le placer en commentaire sous les articles. L'ouvrage s'appelait bien en allemand *Manuel du Code Napoléon;* ce terme de *manuel* leur laissa peut-être juger compatible avec le fond le dépècement de ce texte. Mais il s'agissait d'un livre de doctrine, qui rattachait puissamment à tout un système philosophique du droit, antérieurement professé et écrit, l'étude de notre droit moderne. Zachariae avait cherché et montrait dans le code civil la justification, la preuve de ses conceptions spéculatives. A briser l'enchaînement dogmatique de son livre, à l'employer par morceaux à des interprétations isolées et distantes, la vertu qui résultait de l'ordonnance et du lien dans les vues juridiques était détruite. *Le Droit civil français rétabli suivant l'ordre du code Napoléon,* de MM. Massé et Vergé, resta loin de diminuer, dans l'esprit des légistes, la grande estime qu'ils accordaient à la traduction annotée dont deux professeurs à la Faculté de Strasbourg, MM. Aubry et Rau, avaient alors enrichi la littérature du droit.

Les occupations que créaient à votre confrère la *Jurisprudence générale* et ses affluents, n'auraient pas laissé à son esprit le loisir d'autres travaux d'une certaine haleine. C'était du journalisme juridique ; journalisme d'ordre élevé ; il y a nombre d'articles du *Répertoire* où l'on reconnaît sa manière, qui sont presque des livres : des historiques complets, des exposés on pourrait dire savants du sujet. Non seulement les composer comme à jour fixe avec ces qualités là, mais demander d'autres articles à des plumes compétentes, ramener ceux-ci au cadre général et les y placer, exigeait bien du temps. Le journalisme use le temps comme il dissout les sujets ; il n'était guère permis à Ch. Vergé d'écrire en dehors de cela autre chose que de brèves notices dictées par l'occasion. Par éducation il avait le goût des sciences morales et politiques. La notion de leurs rapports avec les faits et de leur rôle dans les choses était chez lui parfaite. D'une étude de l'enseignement du Droit dans les Universités de la Prusse et du Wurtemberg, dont l'avait chargé le Ministre de l'Instruction publique en 1846, il avait rapporté l'opinion raisonnée que ces sciences étaient des sciences d'État nécessaires, et que nos Facultés devraient en être pourvues comme l'étaient celles qu'il venait de visiter. L'exposé qu'il présenta concluait non à la convenance seulement, à l'obligation même de ne plus tarder à le faire, et, concevant déjà ce qu'a réalisé depuis très heureusement l'initiative privée d'un de nos confrères, il insistait pour qu'il leur fût ouvert une Faculté spéciale. Néanmoins l'intelligence qu'il possédait de cet ordre de connaissances, et qui l'attacha avec tant de constance à suivre et à publier les séances de l'Académie, ne put, ainsi que sa grande érudition juridique, lui être utile que pour s'y reporter accessoirement à propos des travaux des autres. Chacune des livraisons de la *Jurisprudence générale* remplissait les pages intérieures de sa couverture par des comptes rendus critiques des ouvrages nouvellement parus sur les matières de droit, de législation générale, d'économie publique. La moitié de ces notices est de Charles Vergé. Avec beaucoup de justesse et de précision, il répandait là, au jour le jour, les notions familières à son intelligence.

Il avait cependant parlé avec un certain développement, dans le journal *le Droit*, de quelques hommes à qui leurs travaux et les circonstances ont fait jouer un rôle dans la première moitié du siècle. Sous le titre de *Diplomates et publicistes*, il réunit dans un volume, en 1856, les jugements portés par lui à propos d'eux. Les personnages sont de pays différents, ont ou représenté des intérêts opposés ou visé à des buts contradictoires. Il y a là Siéyès, Chateaubriand, Mignet, sur qui bien des plumes se plaisaient alors avec raison à s'exercer ; mais il y a des individualités moins modernes : d'Hauterive, de Gentz, Ancillon et d'autres; d'Hauterive, élevé dans la diplomatie de Louis XVI, mort en pleine Révolution de 1830, et qui eut le cœur très français sans cesser de tenir une place dans nos affaires étrangères sous les régimes successifs ; le Prussien de Gentz, polémiste passé de bonne heure au service du cabinet autrichien, mêlé à toutes les négociations tramées contre nous et excellant dans les injures écrites dont la Révolution française a été l'objet ; le ministre portugais Pinheyro Ferreira, politique utopiste devenu par de bons ouvrages un des correspondants de votre section de législation, et qui a surtout marqué par des études sur les constitutions libres et sur le Droit des gens ; Ancillon, Prussien de famille française, lui, prédicateur de la Cour, historien et publiciste, ministre du roi qu'il avait eu pour élève, homme fort disert mais réfléchi jusqu'à l'abus, car il arriva à établir que le pour et le contre se neutralisent réciproquement dans l'ordre des idées morales, et, pourtant, ministre passionné dans la haine de son pays à l'endroit de Napoléon; enfin, le comte d'Entraigues, contemporain de la Révolution comme d'Hauterive, à l'inverse de celui-ci adversaire d'abord de la Royauté et plus tard agent de l'émigration, agent des Princes, portant d'un pays à l'autre et d'un gouvernement à l'autre, contre le gouvernement impérial, une plume et une activité mercenaires.

Pour Charles Vergé, le lien qui rapprochait ces figures résidait dans l'intérêt résultant quant au développement du Droit international, quant aux rapports de peuple à peuple, de la part qu'elles avaient prises aux choses publiques durant cette partie du siècle où de si grands événements posèrent et résolurent les problèmes du Droit public de manières successivement diverses. Ces problèmes furent chez votre confrère, en raison de son inclination pour les sciences morales et politiques, un côté préféré de la science juridique. Deux ans plus tard il publia, dans une des grandes collections de la maison Guillaumin, une nouvelle édition du *Précis du Droit des gens moderne* du chevalier de Martens, complétée avec l'art achevé d'éditeur qu'il possédait. Il fit précéder ce traité, publié en français, par son auteur, à Goetting, l'année d'avant la Révolution, d'une introduction étendue sur l'histoire de cette partie du droit, qui a pour but de faire régner de plus en plus la justice entre les nations et d'y détruire la sauvagerie, comme le droit civil établit dans chaque pays, entre les personnes, les rapports dictés par la conception philosophique à mesure qu'elle se dégage. Préface excellente où l'éditeur a montré qu'il connaissait bien les sources de cette législation spéciale, les causes et les intérêts qui influent sur elle, le cours qu'elle a suivi et qu'elle doit encore parcourir.

L'érudition juridique, sa solidité, l'intelligence qu'elle demande de son objet pour servir à enseigner les autres, étaient les qualités maîtresses de Charles Vergé. Il en fit preuve plusieurs fois en présentant à l'Académie des ouvrages qui avaient pour fond le droit ou l'histoire du droit. Deux de ses rapports verbaux notamment sont à citer, celui sur l'*Étude historique du Droit coutumier français avant la rédaction des coutumes*, et celui sur *La condition des personnes dans le Droit coutumier*, œuvre d'un ancien procureur général très distingué, M. Henri Beaune. Mais, jusqu'à la fin, le *Compte rendu* de vos séances est resté pour Charles Vergé son œuvre d'affection. Depuis qu'il l'avait créé, il ne cessa jamais d'y mettre ses soins et d'en rendre la publication plus large et plus commode. Il en avait dressé en 1873 une table analytique rétrospective qui en ce moment-là fut parfaite ; les derniers temps, il refondit cette première table dans une nouvelle, plus développée et vraiment modèle. Quand ses successeurs à la rédaction vous l'ont donnée, en 1889, il avait été fort malade et vous le voyiez moins souvent à sa place. Il y revint après une opération des plus graves. Dans l'intervalle, l'Académie avait revisé son règlement ; il fut affecté de retrouver un peu diminué le rang d'académicien libre, dont il avait vu agrandir les attributions de loin en loin par l'usage, durant les quarante-huit années de sa présence à vos réunions. Je ne sais s'il l'a dit à l'Académie, mais privément il exprimait son regret de ne s'être point trouvé à même de défendre et, croyait-il, de sauver quelqu'une des prérogatives qui avaient appartenu auparavant à ses confrères de votre sixième section, pardonnez-moi de leur donner ce titre, qu'ils n'ont pas l'idée d'usurper.

La dernière année de Charles Vergé s'est passée presque toute dans sa résidence du Creuzeau, près de Montbazon, en Touraine. Habituellement il y demeurait l'été, et pourtant il a bien peu manqué de se trouver ici le samedi. Sa grande satisfaction était de recevoir au Creuzeau des confrères. Même lorsqu'il n'avait encore avec eux que les liens formés par la rédaction du *Compte rendu*, les plus éminents y ont été ses hôtes, et de même, d'ailleurs, des magistrats ou des juristes français haut placés qu'il avait pour collaborateurs au *Dalloz*, et des écrivains étrangers de droit ou de politique par qui il était recherché. Il se

partageait là entre les préoccupations d'une exploitation
agricole, et la continuation, tout comme s'il eût été à Paris,
de ses travaux pour la *Jurisprudence générale* et des
soins du *Compte rendu*. Il s'est éteint le 26 août 1890,
dans cette résidence où il s'était beaucoup plu, entouré
des siens pour qui son souvenir est précieux et qui savent
que son nom ne sera pas oublié par l'Académie.

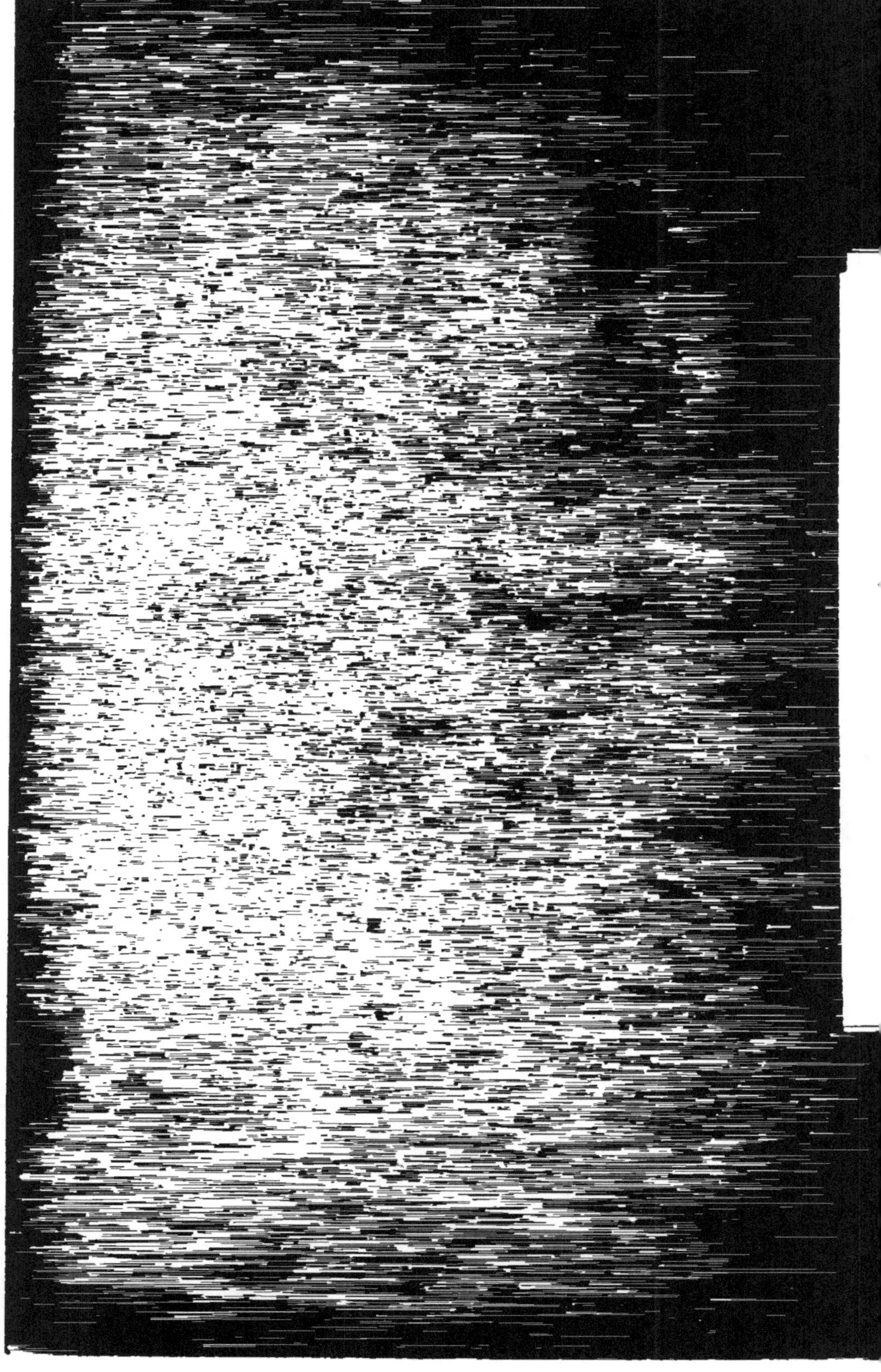